波浮物語

港ができるまで
夢多き男・平六

原作 来栖良夫

物語版画 平成元年度 波浮小学校卒業生

花伝社

発刊 秋廣平六没後二百年記念事業実行委員会

復刻版の発刊によせて

秋廣平六没後二百年記念事業実行委員会　委員長　秋廣道郎

この度、東京都、大島町等の後援、東海汽船、大島町婦人会等の協賛、協力を頂き、波浮港開港の祖である秋廣平六の没後二百年記念事業としての法要、記念式典、郷土芸能、その他の事業を平成二十九年五月二十七日、旧波浮小学校にて開催する運びとなりました。

その事業実施にあたり、平成元年度の波浮小学校卒業生達が制作しました『波浮の平六』版画絵本の復刻版を発刊することとなりました。

この版画絵本は、波浮小学校卒業生達の三年間にわたる苦難の末の力作ですが、その発刊はこれを支えて下さった保護者の皆様、そして、これを指導して下さった飛永正富先生ほかの先生方の温かい援助によるものでした。そして、その発刊を快諾してくださった来栖良夫先生のお陰でした。

今般、秋廣平六没後二百年記念事業の一環として、『波浮の平六』版画絵本の復刻版発刊にあたり、飛永正富先生はもとより、制作者である波浮小学校卒業生の方々やその保護者の皆様からも、その発刊を喜んで頂いたことに心より感謝申しあげます。

又、『波浮の平六』版画絵本の原案であります『波浮の平六』の著者であられます来栖良夫先生は既に他界されておりますが、そのご遺族の方からも快諾頂き、感謝に堪えません。

この『波浮の平六』版画絵本の復刻版の発刊により、波浮港開港の祖である秋廣平六とそれを支えて下さった多くの村人たちの偉業を偲び、称え、今後の波浮の港及び大島の末永い発展を心から願うものです。

改めて、『波浮の平六』版画絵本の復刻版の発刊及び秋廣平六没後二百年記念事業にご協力頂きました多くの方々に御礼申しあげます。

平成二十九年三月

復刻版の発刊を喜ぶ

元波浮小学校教員　飛永正富

二〇一六年十二月、ＮＰＯ法人「波浮の港を愛する会」から『波浮の平六』版画絵本の復刻版を発刊させて頂きたいとのお話がありました。それは秋廣平六没後二百年記念事業の一つとして行いたいということでした。

私は大変、嬉しく思いました。小六の卒業式の直前から中学三年夏までの二年六ヶ月をかけて完成させた『波浮の平六』の版画絵本が、多くの方々にずっと読み続けて頂けることは、制作に当たった平成元年度の波浮小学校卒業生ならびにその制作を励まし続けて下さった保護者の皆様の願いであったからです。

この物語制作のスタートは、小六の九月から翌年の二月まで六ヶ月かけて、来栖良夫原作の『波浮の平六』を全員で読み続けた朗読会からでした。

中学生向きと思われたこの小説はとても難しいものでした。しかし、読み切りました。その朗読会の途中から子どもたちの読む姿勢が変わってきました。それは、やはり〈自分のふるさとを創った祖先の偉大さを知った驚き〉からではなかったかと思います。

卒業間近になり「卒業記念に何を残そうか？」と私が聞いたときに全員一致で「『波浮の平六』の絵本」ということに決まったのも当然です。

その一冊の絵本制作にも苦労はあったのですが、絵本を披露した小六最後の三月の保護者会で保護者の皆さんから「私たちも欲しい！」と声があり、さらに版画絵本にして出版することになりました。その時、卒業式直前の子どもたちに「版画を彫るとなると中学に行っても、小学校へ彫りに来ないといけなくなるけど、それでもやる？」という私の問いに、力強く「やります！」と応えた子どもたちの意欲、そして、休みごとに小学校に通い、中学三年の夏休みまでかかって完成させた十五名の子どもたちの実行力は郷土の祖先への敬意であり、誇りからであったと思います。

今、その本が復刻版となり「波浮の港を愛する会」の方々の手で広められようとしています。十五名の子どもたち、いや、もう立派に成長した皆さん！　あなたたちは、なんと幸せなことでしょう。ふるさとに貢献したいという夢が実現するのです。

改めて、「波浮の港を愛する会」の皆様に心よりお礼申し上げます。

二〇一七年三月三日

はじめに

大島町立波浮小学校長　橋本佳審

磯の鵜の鳥ゃ　日ぐれにゃ帰る
波浮の港にゃ　夕やけ小やけ
明日の日和は　ヤレホンニサ　凪ぎるやら

野口雨情作詞、中山晋平作曲の〝波浮の港〟は、当時、全国的に唱われたヒットソングでした。私も子どもの頃、よくこの歌を口ずさんでは、その美しい旋律にまだ見ぬ波浮の港の情景を重ね合わせて、想いを馳せたものでした。

ところが、思いがけずに縁あって、波浮小学校に勤務することになり、昭和六十三年四月、胸おどらせて大島に着任いたしました。

早速に訪れた波浮港は、大昔の噴火口跡にできた湖であることを納得させるように、切り立つ丘に囲まれ、はかり知れない深さを秘めた海水は波ひとつなく静まり、かつての風待港の評、さぞかしと思わせるものがありました。

しかし、「港の中央一メートルの水面を残すのみ、七重八重の漁船に埋まった……。」との往時の波浮港の賑わしさ今はなく、夕日に映える湾内、昔のままの手すりを残した落ち着いた家並、苔むした石だたみは、美しさ懐かしさのみを残し、私には祭りの後の静けさ、寂しさを感じてなりませんでした。

ところが一年二年たち、波浮に住む人々とおつき合いを重ねているうちに、かつての海の男のたくましさ、日本国中から集まった人々に育てられた国際性が、心の強さと視野の広さを合わせもって、この地の人々の心中に生きていることを強く感じました。

この本を作りあげた子どもたちは、卒業作品として、絵本を完成させた後、中学へ進学してからさらに版画に取り組み始めました。それ故、中学生としての初めての夏休み、冬休みも小学校へ来てコツコツと制作にあたっていました。中には、転校先の千葉県から駆けつけて自分の務めを果たした子もいました。

この子たちは、この作業を通して、ひとつのものを創りあげる喜びと共に、友情・責任・結束……の大切さを体得していったものと考えます。そして、私たちには、この子たちのひたむきな頑張りの中に、波浮の先祖代々の不屈な血潮が脈々と流れているのではないかと思えるのです。

最後になりましたが、この『波浮物語』制作にあたって、惜しみなく協力してくださった原作『波浮の平六』の著者、来栖良夫先生ならびに、大島の歴史研究家、高田三喜治先生には、心よりお礼申し上げます。

版画集刊行にあたって

原作『波浮の平六』著者　来栖良夫

物語版画の出版おめでとう。

平成元年小学校六年のときから始まって、平成四年中学卒業の間近までの長い間、よく努力して、この版画集を創り上げてくれました。みなさんの努力がこの本にこもっています。そのことはどんなに自慢してもいいでしょう。

絵の一枚、一枚にこめられたみなさんのタッチ、文章のひとことひとことにみなぎる思いがこめられていて、じつにたのしい、力強い郷土物語ができあがりました。しかし、そのかげには、飛永先生の熱心な御指導、校長先生方の応援、ＰＴＡ会長さんの御支援などがありました。このことを忘れないでください。

さて、原作の『波浮の平六』では、作中の人物は、すべて記録に名をとどめた人たちですが、植畑村の音松だけは私の架空の人物です。小説では、こういう想像上の人物がよくあらわれます。そうした人物でも、その人が、実際にその時代にたしかにいたように描かねばなりません。はたして音松はそういうふうに描かれているでしょうか。これは作品のでき、不できを示すバロメーターです。

それはそれとして、私は歴史小説を書いていますが、史上有名な人でなく、なるべく無名に近い人をあつかっています。それが郷土の歴史にむすびつくことを念じています。

このたびの平六の一代記は、波浮港の開発という歴史的事実をうらづけるものとして、みなさんの注目をあびました。原作者としてこれに過ぎる喜びはありません。重ねてこの度の版画集『波浮物語』の完成について拍手をおくり、有効な活用を期待するものです。

平成四年三月

もくじ

波浮物語

表紙・原沢　小波／堤　和史／吉本恵実子

六番目の子

平六は上総《かずさ》の国、（今の千葉県中央部）の植畑村《うえはた》という所に生まれた。植畑村は、江戸湾《えどわん》に注《そそ》ぐ小糸川《こいとがわ》という小さな川の上流にあり、貧《まず》しい村だった。

父親は百姓《ひゃくしょう》で茂兵衛《もへえ》といい、六人のこどもがいた。平六はその六番目の子だったので、「平六」と名づけられたという。家族《かぞく》はみな、いっしょうけんめい働いた。

しかし、やせた土地からは、暮《くら》していくだけの食物さえ取れない。そればかりか、領主《りょうしゅ》の年貢《ねんぐ》*は高くなるばかりだった。

両親はとうとう末っ子の平六を寺の小僧《こぞう》にやることにした。

しかし、平六は、どうしても寺の小僧がいやで、寺を逃げだして来てしまった。

そこで、しかたなく市宿村《いちじゅく》の秋広家《あきひろけ》に養子《ようし》にやることにしたのである。平六が十歳の時であった。

＊年貢……むかし、田畑や土地にかけられた税で米や布や干物《ひもの》などを納めた。

竹田　祐三

小糸川《こいとがわ》

この話をすすめるうえで、平六が生まれた上総《かずさ》の国の小糸川周辺《しゅうへん》の村について説明しておこう。

小糸川は、江戸湾《えどわん》に注《そそ》ぐ小さな川である。

そのいちばん上流《じょうりゅう》に旅名《たびな》村があった。この旅名村は、平六の甥《おい》で、後に、波浮《はぶ》港の村づくりにつくした伝吉《でんきち》が生まれた所である。

この旅名村から下流に向かって植畑村《うえはたむら》、市宿村《いちじゅくむら》があり、大掘《おおぼり》という小さな湾に続いている。

植畑村は、平六が生まれた村、市宿村は、平六が養子《ようし》にいき十年間暮らした村である。

その村々はみな貧しかった。せまい畑を耕《たが》やし、山から木や竹を切り出し、大掘まで売りに行くのである。しかも、それを運ぶ時はいかだに組んで川を下った。そして、帰りには少々のみそや干物《ひもの》などを買ってくる生活であった。

そのころは、どんなにつらくとも、自分のくらしている土地から逃げ出すことは禁じられていた。

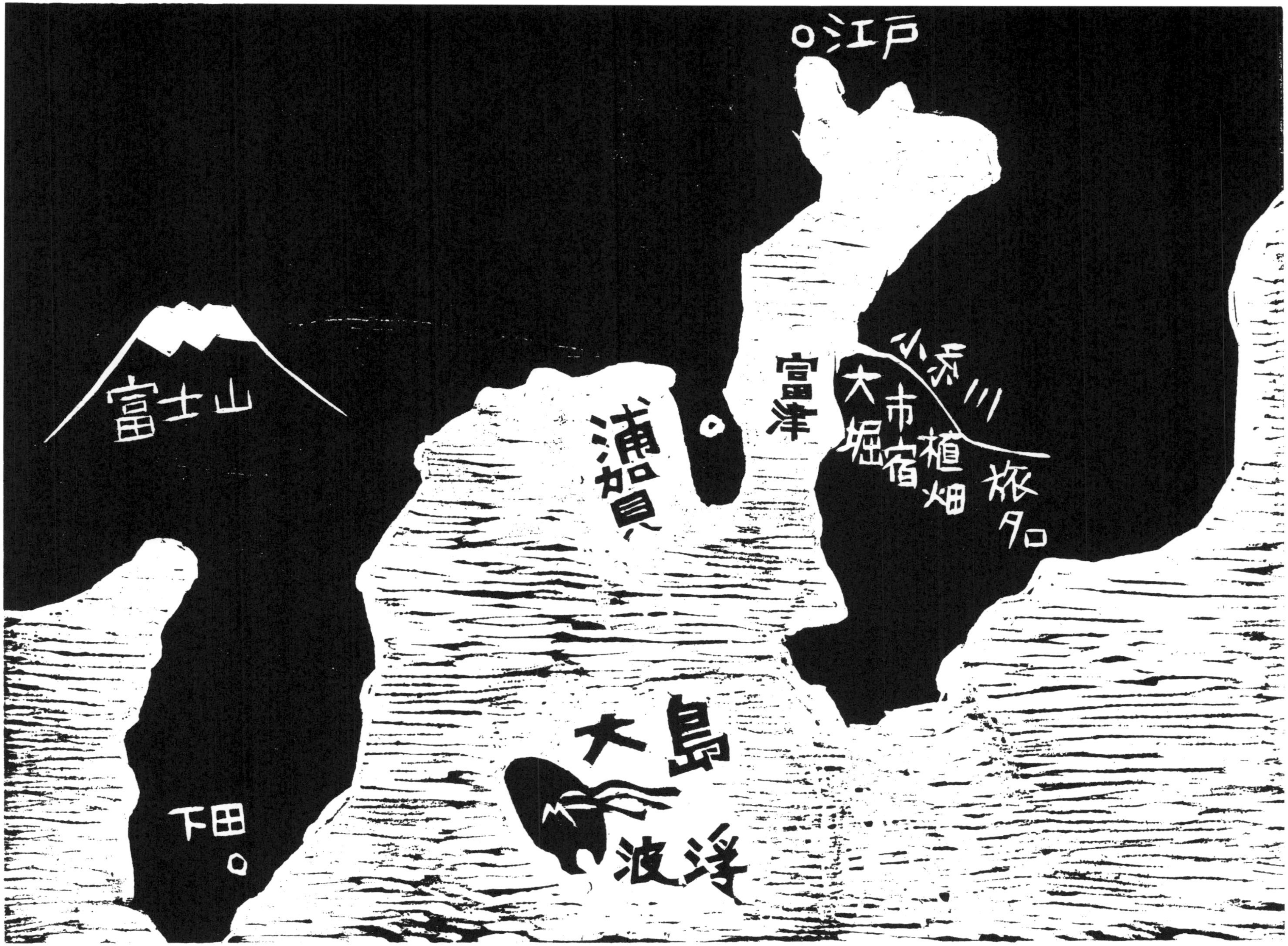

堤　和史

いかだ流し

二十歳《はたち》になった平六は、いかだ流しの名人として有名になっていた。あいぼうは、幼《おさな》なじみの植畑村《うえはたむら》の音松《おとまつ》である。

小糸《こいと》川は、せまく、浅《あさ》く、流れの早い危険な川であった。いかだを流す時は、水の量が足りないのでいったん堰《せき》*を作り、水をため、水がたまったら堰を切り離《はな》し、その水の勢《いきお》いにのって下流の大掘《おおぼり》までいっきに下るのである。いたる所に川底《ぞこ》からつき上げた石、両岸《りょうがん》から押《お》し出された大岩などがあり、それに激突《げきとつ》すれば命もなくなるという危険《きけん》な仕事であった。

江戸時代の湾岸工事《わんがんこうじ》の中で、最《もっと》も困難《こんなん》といわれた波浮港《はぶみなと》づくりを最後までやりとげた平六の勇気やねばり強さは、この様なきびしさの中で育てられたのではなかろうか。また、平六が、無人島《むじんとう》での村づくりの夢《ゆめ》を追《お》い求めたのも、この小糸川での生活と関係《かんけい》があるのかもしれない。

＊堰……川の流れを石などで止めたもの。

齋藤　奈巳

土《ど》がま半兵衛《はんべえ》

平六と音松は、いかだ流しの名人としてだけでなく炭焼《すみや》きの腕《うで》も一流《いちりゅう》だった。

実は、土がま半兵衛といわれる炭焼き名人が、どういうわけか上総《かずさ》の国の植畑村にやってきたのである。

名人半兵衛は、「炭は、かまで決まる。」と言い、かまにする土を口にふくんで調べたという。そこから「土がま半兵衛」と言われた。

平六と音松はこの名人半兵衛から、炭焼きの技術《ぎじゅつ》を教えこまれたのである。半兵衛に習った炭焼きの技術が二十年後、海の向こうの八丈《はちじょう》や御蔵《みくら》の人たちを救うことになろうとは、この時、二人は夢《ゆめ》にも思っていなかっただろう。

原沢　小波

江戸《えど》の桑《くわ》商人

今日も平六と音松はいかだ流しを終え、ホッとして大掘海岸《おおぼりかいがん》の松の根っこで昼めしをほおばっていた。

そこへ、一人の旅商人《たびしょうにん》が声をかけた。

「そこのお二人さんは、平六さんと音松さんではございませんか……」

「へい、そうですが。」

「あっしは、江戸《えど》のくし屋庄次郎《しょうじろう》と申すものです。この上総一帯《かずさいったい》には桑の名木《めいぼく》が多いので、こうして出てきております。お二人さんの仕事ぶりや評判《ひょうばん》は、とうの昔にあっしの耳にも入っております。そこでおりいって相談《そうだん》ごとがあるのですが……今夜《こんや》、あっしの宿まで来てみては下さらんか。悪い話はいたしません。」

二人は、自分達をかなり調べているようだし、少しかわった話も出そうな気がして、さっそく、その夜、庄次郎の宿に出かけることにした。

そして、そこで出された話は、なんと、村をすて、自分といっしょに商人になってくれという、思いきった話であった。村ぬけがきびしく罰せられていた当《とう》時《じ》のことである。

二人は、自分達をみこんで話をきり出すこの男に、大きく心を動かされた。

吉本健太郎

くし屋の平六

それから一年後、平六の姿は江戸にあった。もちろん、くし屋の庄次郎《しょうじろう》の奉公人《ほうこうにん》*としてである。

庄次郎は、何をやらせてものみこみの早い平六に、店をまかせきっていた。そして、自分は伊豆七島《いずしちとう》のつげや桑《くわ》を手に入れるため、島々へ乗り出す権利《けんり》を得《え》ようと幕府《ばくふ》*の役人《やくにん》の間を頼《たの》みこんでまわっていた。

しかし、それは、ことごとく失敗に終わった。伊豆七島の物産をあつかう特権《とっけん》は、役人たちにぼう大なわいろ*を贈っていた大商人たちに、すべてにぎられていたのである。

庄次郎は、ある日、平六にきりだした。

「平さんよ、俺《おれ》は、伊豆の島々《しまじま》に乗り出すことは、ぜったいにあきらめねえ。そこでだ、おまえさんに頼《たの》みがある。この伊勢屋《いせや》がいざ島へ乗り出すとなった時、腕《うで》ききの船乗《ふなの》りがいなければ七島への夢《ゆめ》など絵にかいたもちだ。そこで、おまえさんに船乗りの腕をみがいておいてほしいのよ」。

平六が二つ返事《へんじ》で引き受けたのはいうまでもない。江戸へ来て一年、くし屋の商売《しょうばい》だけでは物足《ものた》りぬ平六は、船乗り修業《しゅぎょう》と聞いたとたんに新しい夢を抱《だ》き始めた。

平六は、さっそく、庄次郎の知り合いで、下田《しもだ》で伊豆七島相手《あいて》に商売している島屋吉右衛門《しまやきちえもん》に弟子《でし》入りすることになった。

*奉公人……主人につかえる人。
*幕府……当時は徳川幕府のこと。徳川将軍が居た所。
*わいろ……不正なことをしやすくするために贈る金や品物。

吉本健太郎

無人島《むじんとう》の夢

下田《しもだ》へ出かける前に二つの大きなでき事があった。

一つは、庄次郎《しょうじろう》が、ぜひ自分の弟分《おとうとぶん》になってくれというのである。ただの奉公人でなく、伊勢屋《いせや》の主人の弟ともなれば、もう、りっぱな商人である。しかも、女房《にょうぼう》おくまの妹の十四になるおきちを嫁《よめ》にもらってもらいたいというのだ。

おきちといえば、伊勢屋にきて何度か顔を合わせた事があり、二十三歳の平六には、その愛くるしい瞳《ひとみ》がわすれられなかった。

ここまで庄次郎に見込《こ》まれれば、もうことわる理由など何もない。

祝言《しゅうげん》*は、自分が船乗り修業で、たしかな腕になってからにしてほしいと言い、下田へ向かった。

下田の島屋吉右衛門は、世の中の流れも見抜いていれば、大海を渡る技術も一流であった。吉右衛門は、その技術をおしげもなく平六に伝授《でんじゅ》した。

めきめき腕をあげる平六は、下田の磯《いそ》から伊豆七島をながめているうちに、新しい夢が胸いっぱいに広がっていった。

それは、無人島*へ乗り出し、そこを切り開き、みなが幸せになる村をつくりたいという夢であった。

*祝言……結婚式。
*無人島……当時は小笠原島《おがさわらじま》のことであった。平六は幕府に対して三度も「無人島見届け願い」を出している。

宮川　誉史

天明《てんめい》の大噴火《だいふんか》

そのころ、大島にとつぜん悲劇《ひげき》が起《お》こった。それは、天明三年（一七八三年）、三月。南の大風が吹き荒《あ》れ、島中が潮《しお》びたしになったのである。この大風で、育ち盛《ざか》りの麦は全滅《ぜんめつ》した。

その翌年《よくねん》の六月、今度は、大北風《おおきたかぜ》が吹《ふ》きまくり、昨年の被害《ひがい》に続いてサトイモ、サツマイモなどを根こそぎ吹きとばした。ところが八月に、また、北風の大しけがみまった。畑のすみに残っていた芋《いも》なども、ついに消滅《しょうめつ》した。

島の者たちは、山に入ってアシタボをつみ、海に入って海草を取り、その日その日を生きのびていた。そのようなおり、十一月二日の朝、三原山が大噴火を起こしたのである。

島はゆらぎ、焼石《やけいし》*は村にせまり、焼砂《やけすな》*が島をおおった。噴火は五日も続き、草木は枯《か》れ、野牛《やぎゅう》・野馬《のうま》*もバタバタとたおれ、食べ物の絶《た》えた村々では老人や病人など弱い者から次々と死者が出た。これを「天明《てんめい》の大噴火《だいふんか》」という。

この時、下田の平六は、吉右衛門《きちえもん》に願《ねが》い出た。

「吉右衛門様、大島の大噴火では、死人まで出ているとか。わしらの食うものを減《へ》らしても、なんとかして着るもの、食うものを届けとうございます。」

「平さん、よくぞ言ってくれた。島あっての島屋だ。すぐにしたくにとりかかってくれ。平さんには、船頭《ふながしら》を頼《たの》む。」

吉右衛門はそくざにこたえた。

＊焼石……溶岩。
＊焼砂……火山灰。
＊野牛・野馬……人に飼われず自然に生きてる牛馬のこと。当時大島では、とても貴重なものであった。
＊船頭……船長。

宮川　誉史

田村元長《たむらげんちょう》との出会い

下田《しもだ》での修業《しゅぎょう》に六年の歳月《さいげつ》が流れた。今では、伊豆七島の島々は自分の庭《にわ》のごとく知りぬき、船頭《ふながしら》としての腕前《うでまえ》は吉右衛門《きちえもん》と並《なら》ぶほどになった。平六は、再《ふたた》び、江戸の伊勢屋《いせや》に急《いそ》いだ。

伊勢屋では、兄貴《あにき》となった庄次郎《しょうじろう》、その女房《にょうぼう》おくま、そしていいなずけのおきちが胸をときめかせて待っていた。おきち二十歳《はたち》の春であった。

平六は約束《やくそく》どおり、船頭《ふながしら》となって祝言《しゅうげん》をあげ、庄次郎からのれんを分けて*もらい、店をかまえた。しかし、今や平六の胸には、無人島での村開《むらびら》きの夢がしっかりと根をはっていた。

そして何年か過ぎたある日、幕府では、七島巡察《じゅんさつ》のために腕《うで》ききの船頭を探《さが》しているという話が、庄次郎の耳に入った。庄次郎は、この時とばかり平六を推《すい》せんした。すでに七島がよいの船乗《ふなの》りの中では有名になっていた平六である。幕府《ばくふ》は、一も二もなく平六に案内役を申しつけた。

その時の七島巡察の目的は、七島の薬草類《やくそうるい》を調べる事、そして中国から輸入《ゆにゅう》した薬草を植えつける適地《てきち》を探《さが》す事であった。この巡察の責任者《せきにんしゃ》である若き医官《いかん》*、田村元長《たむらげんちょう》との出会いが、平六の人生に大きな影響《えいきょう》を与えていくのである。

*のれんを分ける……長年、忠実につとめた奉公人に、店を出させて同じ屋号を名のることを許すこと。

*医官……幕府に仕える医者。

齋藤　奈巳

波浮のお池

平六が田村元長を大島に案内したのは、平六三十三歳、元長三十五歳の働《はたら》き盛《ざか》りであった。

平六が動かす御用船《ごようせん》が、大島の新島村《にいしまむら》（今の元町）に着くと神官《しんかん》の藤井内蔵助《くらのすけ》、名主《なぬし》*立木《ついき》七郎兵衛《しちろうべえ》らがそろって出迎《でむか》え、歓迎《かんげい》した。

大島は、伊豆七島では一番大きな島だが、全島ほとんど山におおわれ、決して開けた土地ではなかった。

また、幕府から舟を持つことを許されていたのは、岡田村《おかたむら》と新島村《にいしまむら》の二村だけで、「浦方百姓《うらかたひゃくしょう》」・「海方《うみかた》百姓」と呼ばれ、他の泉津村《せんづむら》、野増村《のましむら》、差木地村《さしきじむら》は、海はあっても舟を持つことは許されず、「釜方《かまがた》百姓」・「山方《やまかた》百姓」といわれて、かつては塩を焼き、今ではまきを売って暮らしをたてるほかなかった。

海方といっても流人《るにん》の管理を申しつけられ、この流人が村で再び犯罪を犯す時もあり、その取りしまりは、大変な苦労をともなった。元長たちは、この貧しさに、ひどく同情した。

一行は、肉桂《にっけい》*の植え付けに良い土地を探して差木地村へ案内された。その時である。元長たちは、昨夜の流人の話がよほど気になったか、オタアジュリアというキリシタンの姫が流されてきた所を一度見たいという。そこで、差木地村の名主六右衛門《ろくえもん》に案内させ、道なき林をかきわけて進んでいると、樹木の間から見えかくれする湖があった。

近づいて見ると、外海との間に大岩が波のまにまに見えかくれしているが、湾内は満々と青い水をたたえ、静まり返っている。

六右衛門は、

「島の者《モン》は、『波浮のお池』とか『みたらしの池』とかいっております。これは、大昔、三原山のふもとが噴火したおりに、いっしょに爆発*してできました火口だそうでございます。あの、海ッカワは地震でくずれ*、潮が満《ミ》ちてくると海に通じます。」

と説明した。

西留　安久

一行は、そこしれぬ深さと、静けさに、吸いこまれるように見いった。平六は六右衛門にたずねた。

「嵐の時、てごろな入江と間違《まちが》えて、避難する船はないかい。」

「ハイ、よくございます。でも、みんな、湾口の大岩にノッシャーゲテ＊助かったことはございません。オッカナイトコでございます。」

＊名主……村や町のかしら。今の町村長にあたる。
＊肉桂……ニッキ・楽木。
＊爆発……水蒸気爆発であった。
＊地震でくずれ……津波の力も大きかった。
＊ノッシャーゲテ……のし上げて。

難破船《なんぱせん》

その夜のことである。ここ数日中、ないでいた海は、とつぜん、南風に荒れ出した。夜半《やはん》には、突風《とっぷう》も吹きまくり、そまつな六右衛門《ろくえもん》の家ののき先も、めくり上げられそうだった。

明け方、平六は

「元長さま、嵐《あらし》でございましたなあ。」

と語りかけた時、見回りに出ていた六右衛門が

「御巡察様《ごじゅんさつさま》、波浮のお池の向こうを船が流れていると、村の者《モン》がさわいでおります。」

と走りこんできた。

「六右衛門、舟を出して助けてくれ。」

「おことばですが、私ども差木地は、舟を持つことを禁じられております。」

「ばかな！」

元長は、はきすてるようにいった。

「新島村《にいしまむら》、岡田村《おかたむら》の舟、総出《そうで》で救ってくれ。」

しかし、陽《ひ》も暮れ、救援船《きゅうえんせん》のかいもなく、難破船は、どこへ流れて行ったのか、見えなくなってしまった。

渡部　真平

海難事故《かいなんじこ》になれた差木地村の青年が、ふじづるを伝って崖《がけ》をおり、岬《みさき》の岩場あたりまで行ってみると、避難《ひなん》用の伝馬船《てんません》が打ち上げられ、老人と青年が岩にたたきつけられていた。

やっとの思いで、二人の身体を神社の庭に運び、火であたためてやったが、すでに死んでいた。

事故にあった船は、奥州《おうしゅう》（東北地方の太平洋側）から江戸《えど》へ、材木を運んでいた船であった。漂流物《ひょうりゅうぶつ》の木材にまじって、一片《いっぺん》の板切れが打ち上げられた。それには、船は加賀《かが》の国（石川県南部）吉崎の三吉丸で、船頭は与四郎《よしろう》、水夫は、万助《まんすけ》・四郎兵衛《しろうべえ》・喜作《きさく》など十人あまりの名と「とても助からぬ」と七文字がしっかり記されていた。

新しい夢

「元長様、この波浮のお池が港でありましたら、きのうの船も、水夫も、死なせずにすみましたものを……。」

「そうよのう。港ならばのう……。」

事故が生々《なまなま》しかっただけに、元長の思いも同じである。

平六は、波浮のお池を見た時から考え続けてきた事を、いっきに元長に語った。

「元長様、あのこわいお池を、仏《ほとけ》の池にできないことはございません。少々、難《むず》かしゅうはございますが、池の海側に残る岩を取り除き、大船が通れるほどに堀《ほ》り下げ、湾口《わんこう》を広げるならば、湾内は天然《てんねん》の良港、伊豆七島一の港となりましょう。さすれば、奥州《おうしゅう》より来る船も、下田《しもだ》までの途中《とちゅう》、嵐に会っても逃げこむ港があるというもの。また、そのまま南風を待ち、江戸湾に入れば、費用も安くすみ江戸の衆も助かること必じょうです。」

「その通りよ、平六！　いい事に気づいたの。その策、なんとしても実らせたいものよ。平六わしも力になるぞ。」

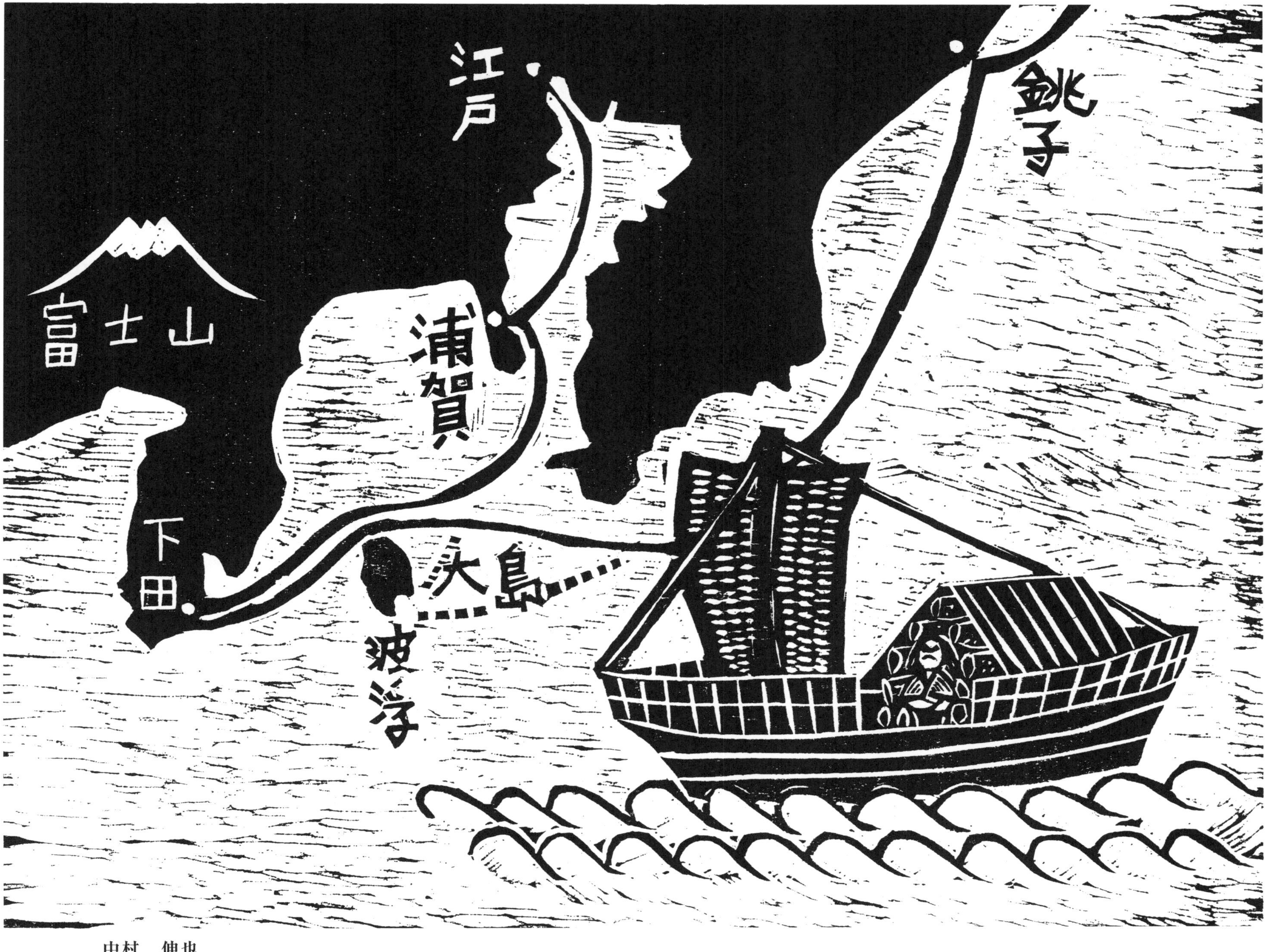

中村　伸也

平六イモ

平六がなんの前ぶれもなく上総《かずさ》の植畑《うえはた》村へ現れたのは、田村元長《たむらげんちょう》の七島案内に三年をかけた直後だった。

とつぜん、平六に声をかけられた音松は、びっくりして声も出なかった。

平六は、ジャガタライモ（ジャガイモ）*の小包《こづつみ》をドサッとおろして言った。

「これはな、南蛮《なんばん》わたりの品で、めっぽう寒さに強いイモだ。こいつを植えときゃあ、ききんの時でも、なんとか飢《う》えをしのげるぜ。おめえの力で増やしてくれねえか。」

「平六、そのためにわざわざ……。」

音松は声をつまらせた。

その後、このあたりではジャガタライモのことを平六イモと呼んだという。

*ジャガタライモ（ジャガイモ）……このジャガイモは、幕府付きの医者田村元長が、オランダ船から手に入れていたものを、平六の人柄にひかれ、特別に分けてやっていたものであった。

矢島　浩子

八丈《はちじょう》の炭焼き

明くる年の春、またまた平六は海へ出た。

幕府の役人の案内役として、伊豆七島を次々とまわったのである。

御蔵島《みくらじま》でも八丈島《はちじょうじま》でも、平六は、島のようすと人々の貧しい暮らしぶりを、正確《せいかく》に役人たちに説明した。

八丈島では、暮らしが豊かなのは、島の物産をとりしきる三役人*の家のみで、村の者は、みな、アシタバ、イモガラ、海草に、麦、アワなどをひとつまみ入れておかゆをつくり、それを常食《じょうしょく》にしていた。平六は、役人たちに自分の思いを語った。

「この島には、大量の雑木《ぞうき》がそのままにしてあります。この雑木を炭にいたせば、島民のくらし向きはずっと良くなるはずです。炭焼きの指南《しなん》は私が致します。」

この提言《ていげん》は、さっそく、取り入れられた。上総《かずさ》の山で、土がま半兵衛《はんべえ》にきたえられた腕前《うでまえ》が、八丈の人達を救うことになったのである。

この八丈の島から、炭の積《つ》み出しが始まったのは、それから二年後であった。

＊三役人……徳川幕府は八丈島を伊豆の代官に支配させていた。しかし、伊豆の代官も、八丈島のあまりの遠さにこまり、島土着の旧家や名家から地役人の主なる者を選び、島のいっさいの政治経済をまかせていた。この地役人の主なる者を島では三役人とよんでいた。

竹田　祐三

御蔵《みくら》の島興《しまおこ》し

平六は、長い島案内からやっと江戸へ帰り、親子五人、くし屋の家業《かぎょう》にはげむ日々が続いた。とはいえ、無人島での村開き、波浮の港開きの夢を捨《す》てたわけではなかった。

そのようなおり、伊豆七島案内での平六の手腕《しゅわん》を高くかった幕府は、御蔵島《みくらじま》の炭焼き指南を平六に命じたのである。今回は、幕府の役人並《な》みに、手当《てあ》ても出すという。平六が勇《いさ》んで引き受けたのはいうまでもない。

平六は、今回は一人でなく、親友の音松、旅名村の宗兵衛《そうべえ》などに応援をたのみ、島へ乗り込んだ。迎えた島人《しまびと》たちも、源正和尚《げんじょうおしょう》や若者、吉五郎《きちごろう》*らが中心となって努力し、日々、炭焼きの腕を上げていった。

御蔵島のために一年八ヵ月がすぎ、平六たちが島を離れる日がやってきた。三人が島人のお礼をどうしても遠慮《えんりょ》するので、源正和尚の提案で「平六殿は、いずれこの七島あたりで、ひとしごとしたいと言っておられる。その時にお礼をしようではないか。それを証文《しょうもん》に残しておこう。」ということになった。

平六の炭焼きの技術は、再び御蔵島でも人々を救ったのである。三人は、島人らに見送られ、島を離れた。

＊吉五郎……後、波浮港造りにかけつけ、村開きの時も七人株の一人となり活躍する。

直井　貴洋

二十年目の夢

御蔵島《みくらじま》からもどった平六は、「無人島見届け願《むじんとうみとどねが》い*」を幕府《ばくふ》に届け出た。これが三度目である。かつて平六が下田《しもだ》にいた頃「無人島お調べ」の船に乗せてもらいたいとせがんだのは、二十四歳の時だった。あれから十五年がたっていた。しかし、平六の夢はおとろえるどころか何年かの島暮《くら》しの中でますます強くなっていた。

一方、平六の人柄《ひとがら》と手腕《しゅわん》に厚《あつ》い信頼《しんらい》を寄せた幕府の医官田村元長《たむらげんちょう》と、伊豆代官《いずだいかん》三河口太忠《みかわぐちたちゅう》の尽力《じんりょく》で、平六の計画――「波浮の港開き」――の構想《こうそう》は、今や、かなりの現実みをおび、認められようとしていた。

その頃、幕府としては北の蝦夷地《えぞち》（北海道）の物産*を、大量に、安全に、しかも安い費用で江戸に持ちこみたかった。しかし房州《ぼうしゅう》（千葉県）沖の海の難所《なんしょ》を解決《かいけつ》する方策《ほうさく》がなく、その輸送に危険とばく大な費用をかけていた。

そこへ平六の大島での港開《みなとびら》きの願いである。「無人島見届け願い」など無視《むし》した幕府も、この港開きだけは無視できなかった。

ついに幕府は「上総の国の平六を、この度の掘割り一式引受人*とする」という命令を出したのである。

この命令によって、平六は港開きとしては例のない難《なん》工事に挑《いど》むことになったのである。平六が村抜けしてから、二十年が過ぎていた。*

*「無人島見届け願い」……当時としては小笠原島の調査願いのことであった。
*蝦夷地の物産……北海道の特産品でサケ・マス・ニシン・タラ・コンブ・イリコ・干し貝などである。
*一式引受人……お金をもらって工事のいっさいの責任をとる人。
*二十年が過ぎていた……平六は四十歳になっていた。

渡部　真平

平六を支えた人々

平六が「一式引受人《いっしきひきうけにん》」を申し渡されるまでには、平六に信頼《しんらい》を寄せる多くの人々の陰《かげ》の尽力《じんりょく》があった。

幕府方を説得《せっとく》するのに力を尽したのは、かつて平六に伊豆七島を案内してもらった幕府《ばくふ》の医官《いかん》田村元長《たむらげんちょう》、そして、いつも平六の話を聞いて平六びいきになっていた伊豆代官《だいかん》の三河口太忠《みかわぐちたちゅう》であった。

しかし、いざ一式引受人となるには、相当な保証人《ほしょうにん》*が必要であった。それには、平六の家主《やぬし》、江戸八丁堀《はっちょうぼり》の四郎左衛門《しろうざえもん》と、下総《しもうさ》（千葉県北部）の大地主、元《もと》右衛門《えもん》が当たった。

平六が幕府に提出《ていしゅつ》した工事計画書と予算書はおよそ次の様なものであった。

——大島波浮のお池の旧火口から海への出口を塞《ふさ》いでいる岩礁《がんしょう》を、船が自由に出入りできる様に取り除く。それは、タテに南北十五間（約二十七メートル）、ヨコに八間（約十四メートル）、深さは水路の中心一丈二尺（約三・六三メートル）岬にそったあたりを六尺（約一・八一メートル）まで掘り下げる。工事のための延べ人数は一万二千人、道具代、手間賃《てまちん》を入れるとしめて総工費《そうこうひ》七百五十両——となっていた。

明くる年の二月、一年をかけ、念には念を入れて準備した平六は島へ渡《わた》った。身内《みうち》での連れは長男藤蔵《とうぞう》（十四才）一人である。

しかし、強力な助《す》けっ人《と》がいた。上総《かずさ》の植畑村の幼友達・音松である。海の仕事は自信がないという音松も頼まれれば親友・平六の事だ、放ってはおけない。ただちに房州《ぼうしゅう》（千葉県南部）の石工《いしく》と海人《あま》たちをひきつれ加わってくれた。

海の仕事とはいえ、岩礁《がんしょう》が相手《あいて》である。まだ石工が足りない。そんな時、力になってくれたのが、江戸深川《えどふかがわ》で石工を使って手広く商《あきな》いをしている伊豆屋《いずや》半右衛《はんえ》門《もん》である。この半右衛門は、伊豆の網代《あじろ》の出であった。半右衛門はすぐ網代へと飛び、石工と海人を集めてくれた。それどころか、自分がいた方が網代の連中が安心すると言って、自分の商売は店の者にまかせっぱなしで、とうとう島へ渡ってしまった。

西留　安久

半右衛門は、「おしかけの旦那《だんな》」と皆から尊敬《そんけい》され、平六の心強い相談役《そうだんやく》となった。

しかし、まだ鳶職《とびしょく》が足りない。高い場所で危険な仕事をするには火消し人足が必要なのだ。ここでの出番《でばん》は義兄《あに》の庄次郎《しょうじろう》と家主《やぬし》で保証人《ほしょうにん》の四郎左衛門《しろうざえもん》である。たちどころに、江戸火消し二番組のえり抜《ぬ》きの者十人に話をつけてくれた。

幕府の方も、総監督《そうかんとく》に勘定方出役《かんじょうがたでやく》（臨時《りんじ》の会計係）西山孫右衛門《にしやままごえもん》を送ってきた。五十を過ぎてはいるが蝦夷地開拓《えぞちかいたく》の経験者《けいけんしゃ》で、目配《めくば》りは鋭《するど》い。

＊保証人……失敗のつぐないを保証する人。

祈る――波浮比咩神社《はぶひめじんじゃ》の修復《しゅうふく》

上総《かずさ》・下総《しもうさ》を初め、房州《ぼうしゅう》・江戸《えど》・伊豆《いず》、そして利島《としま》・新島《にいじま》・御蔵《みくら》・三宅《みやけ》・八丈《はちじょう》など、七島の人々、さらに当地大島のすべての村々から延《の》べ一万数千という人が工事に集められる。また、平六と運命《うんめい》を共にして加わる多くの人々――この様な人々のことを考えると、平六は、まず「事故を出すまい。」と決意した。

事故で死人でも出るならば、工事を挫折《ざせつ》させるどころか、その家族《かぞく》をも悲しませる。

平六はまず、波浮比咩《はぶひめ》神社を修復し、工事の無事《むじ》故成就《こじょうじゅ》を祈願《きがん》した。

注　「波浮比咩神社」の表記は、便宜的に使われているものです。本来は、「波布比咩命神社」又は、「羽布比咩命神社」と書かれています。

池田　美香

波浮の朝明け——掘割《ほりわり》開始

工事は、海の荒れの少ない四月～八月と予定されていた。

その日はきた。波浮《はぶ》比咩《ひめ》神社《じんじゃ》に祈願《きがん》を行った次の朝、まだ暗い波浮のお池に仕事始めのタイコが鳴り響《ひび》いた。昨夜のふるまい酒でたっぷりと元気をつけた職人《しょくにん》や人夫衆《にんぷしゅう》は各々《おのおの》の持場《もちば》へとついていった。最初、波に洗われている大岩の数々を見た時は、さすがの石工《いしく》らもおじけづいたが、波浮比咩神社のお加護《かご》ありと思えば、勇気をふるい起こされたのだった。

まず、海面につき出した岩には、石工らが、波しぶきを頭からあびながら石ノミを打ち込んでいく。少し割れ目ができたら、そこへテコをさし込み、のしかかって岩を割り、海になれた者が、石舟《いしぶね》や平舟《ひらたぶね》へ積《つ》んで外海《そとうみ》へこぎ出していく。人の力で動かぬものは、神楽桟《かぐらさん》*から出した太綱《ふとつな》で岩をしばり、何人もの人の力でもぎ取っていく。

海底に沈んでいる岩を割り取る時は、干潮《かんちょう》を利用し、柄《え》の長さ一間半・先の刃が三尺（合わせて約四メートル）の石ノミを、石工《いしく》が海人《あま》の指図で打ち込んでいく。割り取ったものに海人がもぐって、太綱《ふとづな》を巻きつける。

小さな岩は、二そうの平舟《ひらたぶね》に横木を渡してそれに結びつけ、満ち潮を利用して、宙づりにし外海へ運び出した。大岩になると大変だ。何人もの人足《にんそく》らが、神楽桟《かぐらさん》にとりつきゆっくりゆっくりつり上げる。それを平舟の上に静かに降ろし、外海に運び出すのだ。

中には、外海にいく前に転ぷくするのもあった。差木地村の名主《なぬし》六右兵衛門《ろくえもん》は「おかしら、波浮のお池は底無《そこな》しダデェ、デェーッカイヤツはお池へ沈めんベェ。」と平六に教えてくれた。

しかし、順調《じゅんちょう》にいくかにみえる掘割りも、すぐに風波にはばまれる。また、大島は、特に雨も多い。そのような時、平六は、ふれをまわして人足らの身体をゆっくり休ませた。けが人の出るのを防ぐためである。

＊神楽桟……五十一ページの絵を参照。根を掘った大岩などを、もぎ取る時に使った。

金城　寿子

新たな人々

五月もなかばを過ぎた頃、平六を勇気づける三人の来島者《らいとうしゃ》があった。それは、平六に御蔵島《みくらじま》で炭焼きを習った吉五郎が、郷里の三宅島《みやけじま》からわざわざ出てきてくれたのである。読み・書き・そろばんの腕《うで》をもち、金銭《きんせん》の出し入れなら安心してまかせられる吉五郎である。

千両箱を扱うこの大工事に、吉五郎が応援にかけつけてくれた事は、どんなに心強いものであったか。しかも、「御蔵に寄って、万蔵寺《まんぞうじ》の和尚《おしょう》さまから預かってきました。」と、かつての約束通り、炭焼き指南《しなん》の時の礼金と、島の者たちの心づくしの品まで届けてくれたのである。

もう一つの来島者は、二人連れであった。一人は、ひと目でそれと分かる者であった。旅名《たびな》の宗兵衛《そうべえ》である。おくれた事をわびながら、一人の見知らぬ少年を紹介した。なんと、平六の兄・作右衛門《さくえもん》のせがれ・伝吉*だという。少年は十九になるという。分かるはずはない。平六が村抜けしてから二十年以上がたっているのだ。この少年こそ、平六の波浮港村づくりの右腕となっていくのである。

*伝吉……二代目伝吉は波浮小学校のもととなった寺小屋を私費で造った。
読み書きそろばんを習った波浮の若者達は、とった魚を下田や江戸まで直接持って行き、自分たちで商売ができたという。その結果、大きな利益を得た。この伝統はずっと受けつがれ、「学ばなければ豊かな生活はできない。」という気風が波浮の若者たちの中に育てられたという。

池田　美香

巨岩《きょがん》に挑《いど》む（一）――大頭《おおあたま》

波浮の湾口では、大勢《おおぜい》が息もつかずに岩にかじりついている。人の力には改《あらた》めておどろかされる。「この大岩をどうしまつするのだ。」とあきれたのも、とりかかるまでのこと。湖の出口をふさいでいた岩石は、おおかたとりはらわれ、いかにも天然《てんねん》の湾口らしくなった。

ところが、船の出入りの中心となるどまん中にいすわっている大岩があった。人足達は、この岩のことを「大頭《おおあたま》」と呼んでいた。海中にかくれている部分は六畳《じょう》とも八畳ともいう。

「こんなやつにぶつかったら、千石船《せんごくぶね》もひとたまりもあるめえ。」

「しぶとい大頭だせ。」

ふんどし一本で髪《かみ》の毛をふりみだした江戸の鳶《とび》や人足らが、何本もの綱をからめて、神楽桟でまきあげにかかったところで、びくともしない。幕府の普請役《ふしんやく》*もあせってきた。

「平六、大頭に取りかかって何日になる。」

「はい、かれこれ六日《むいか》あまりになります。」

「人手を増やせ。」

「はい、増やしようにも、仕事場には限りがございまして、人数を増やせばかえって足手まといとなり、事故になりかねません。そのようなことにもなりますと、さらに仕事がおくれるばかりでございます」

「……」

おしかけの半右衛門《はんえもん》や差木地村の六右衛門《ろくえもん》らも、心は落ちつかない。

＊普請役……土木工事を監督する役人。

矢島　浩子

巨岩に挑む（二）――月の夜作戦、タル作戦

そこへ、大頭にとりかかりきりとなっていた音松《おとまつ》が、藤蔵《とうぞう》と伝吉《でんきち》を連れてやってきた。

「おかしら！」

幼な友達だが、ここへ来てからはことばづかいも変えている。

「あの大頭の岩根は掘りに掘っておりますので、そろそろ総がかりでやっつけてみます。それに、もうひとつ神楽桟《かぐらさん》をつくりましょう。幸い月も出始めますし、夜仕事に切り替《か》えたらどうでしょう。大工や石工らも、昼間の照らされどうしの仕事では、かなりまいっておるようで……。」

「おう、いい思いつきだぜ。おめえの思うとおりにやってくれ。」

平六は、大声でこたえた。そして、三人を見送ってから、平六は六右衛門に頼んだ。

「おてまをとらせますが、島中の空《あき》ダルを集めておくんなさい。いくらあってもじゃまにはなりませんから。」

「空ダル？　おかしら、何に使いなさるんで。」

「そいつをいくつも大頭へしばりつけりゃ、タルの浮く力で大頭が動き出した時の支えになります。」

「なるほど……そんなもんが役に立つなら、島中の空ダルをみんな集めんべェ。まかしてくだせえ。」

六右衛門は、島中の空ダルを集めに走りまわった。

大頭の岩根のつきくずしも、月の光を頼りにして石工や海人《あま》たちが「一寸でも……一分でも……。」と休みなく続けた。人夫たちは次から次へと、六右衛門の集めてきたタルを、ところせましとしばりつけていく。空ダルだけでは足りず、石舟・平舟《ひらたぶね》もくくりつけられた。月の夜の仕事は、思いのほかはかどった。

吉本恵実子

巨岩に挑む（三）――ついにその日はきた

夜を徹して掘り続けた大頭の岩根は、増やした神楽桟の力も合わせれば何とか動かせるのではないか、というところまできた。

昨夜は、人足衆にふるまい酒を出し、たっぷりと休んでもらった。

とっかかる時刻は、朝の六つ（六時）である。

火口のまわりには、木の上、崖《がけ》の上、波浮比咩神社《はぶひめじんじゃ》の境内《けいだい》や、とりいの柱にまで、島中の人がアリのごとく集まっていた。昨夜、幕府の役人から出た「島中の神社、寺で、大願成就《たいがんじょうじゅ》の祈願《きがん》をせよ！」とのおふれで、知れわたったのだろう。

平六は、幕府の役人たちに一礼した後、

「したくもすっかりできあがりましたようですので、これより取りかかります。」

と言い、音松を振り返り合図を送った。音松は、岩の上に足をふんばり、ゆっくりと紅白の旗を振った。たいこの音もとどろき始め、人足たちは、いっせいに動き出した。舟の者も、岩にとりついている者も、海中にもぐっている者も、皆、ふんどし一つである。それが、照り返しをあびて、入り乱れているから、いったいどれくらいの者たちが動いているのか、数えようもない。

やがて、大岩の上につっ立った男たちが手を振った。これが合図である。いちだんと腹にひびくタイコの音、板木のひびき、二組の神楽桟にとりついた男たちのひっしなかけ声。タルはぶつかり合い、舟はきしむ。大岩と神楽桟を結ぶ太綱《ふとづな》は、海蛇《うみへび》がのたうつように水面に姿をみせ、水しぶきをあげ、やがて、鉄の棒《ぼう》の様に張りつめていった。大岩のまわりの空ダル、平舟・石舟などの浮き沈みも、ますます激しくなっていく。総がかりである。

堤　　和史・吉本恵実子

巨岩に挑む（四）——港がうまれた

平六、半右衛門、音松らは、小舟に乗り移り、海の上からなりゆきをみまもっている。びくともしない大岩にとりついて一時《いっとき》（二時間）。まだ無理か……、やり直すしかあるまい……、と思ったとき、

「わあっ！」

と、湾いっぱいに、声が盛り上がった。掘りに掘られた海中の岩根が、二つの神楽桟の力にもちこたえられずに、ついに大頭をゆらりと動かしたのである。そしてそのまま沈《しず》みかかろうとする。これを浮かそうと、空ダル、石舟・平舟、神楽桟のひき綱がもつれ合い、あたり一面激しく波立たせた。

「動いた！」

平六は、思わずさけんだ。

神楽桟をとりつけたその伝馬船《てんません》は、かけ声、タイコ、板木の音といっしょに、ゆっくり動いた。これ程の巨岩になると、つり上げるのはむずかしい。もちろん、石舟に乗せられるはずもない。そこで海中に宙づりにしたまま、ゆっくりと運び、火口の底なしの水中へ沈めようというのである。平六らを何か月も苦しめた大頭《おおあたま》は、水中に没《ぼっ》したままである。その上には、空ダルと小舟の浮き島ができ、ぶつかり合っている。その浮き島は、ゆっくりゆっくりと池の真ん中へと動いていく。

島の者たち、幕府の役人たちも、どよめきをあげながら、この一生一代の大仕事を見守っている。しかし、そんなに長い時間はかからなかった。やがて、伝馬船が動きを止めると、水にとびこんだ海人たちが、巨岩に結びつけた綱を切り落としていった。そして、いよいよ神楽桟の太綱をたち切ると、大うずまきを起こし、浮かんだタルや小舟をはねあげ、ひきずりこみながら火口の底へと沈んでいった。

波浮のお池は、港に生まれ変わったのである。

加藤　賢治

村づくり（一）――差木地村の一角を

波浮の港は、ふところ深く、天然の良港と呼ぶにふさわしい。

「どうだい、この広さは……。千石舟《せんごくぶね》だろうがなんだろうが、すいすいと出入りできますぜ。おかしら。」

と音松が言えば

「音松、もうおかしらはやめてくれよ。これというのもおめえたちはじめ人足衆のおかげだぜ。」

「とんでもねえ。これも平六、おめえのながい間のねばり腰《ごし》だぜ。」

と音松はもう昔の幼友達《おさなともだち》にかえっている。

「音松さんのおっしゃるとおりだ。ここまでもちこんだのも、おまえさんの器量《きりょう》だぜ。」

とおしかけの半右衛門《はんえもん》は、平六の肩をたたいた。

工事場のあとかたづけなどを終えた頃には、もう秋風である。これから海も荒れる日が多くなる。平六は小頭《こがしら》ら一同を集めて、骨おりをねぎらった。房州《ぼうしゅう》の石《いし》工《く》に海人《あま》たちも、来春の工事の総ざらいを楽しみに引き上げた。音松は残った。網代《あじろ》の石工や海人たちも、おしかけの半右衛門《はんえもん》と共に、なごりをおしみながら帰っていった。他の島々から来ていた職人らも、かせいだ金をふところに、各々《おのおの》引き上げていった。

波浮の港に、やっと静けさがもどった頃、幕府普請役渡辺新右衛門《ばくふふしんやくわたなべしんえもん》から呼び出しがあった。平六が、本陣《ほんじん》の新島村《にいしまむら》の藤井屋敷《ふじいやしき》に行ってみると、島の五ヶ村の名《な》主《ぬし》*たちも集められていた。そこで初めて「平六を波浮港の村づくりの一式引受人とする。」といいわたされた。

「へえ。」

一同は、ねむけからさめたように平伏《へいふく》した。このことは、平六が波浮港村の事実上の名主*役に、認められたことなのである。

寛政十二年（一八〇〇年）の秋のことであった。

*名主……村や町のかしら。今の町村長にあたる。

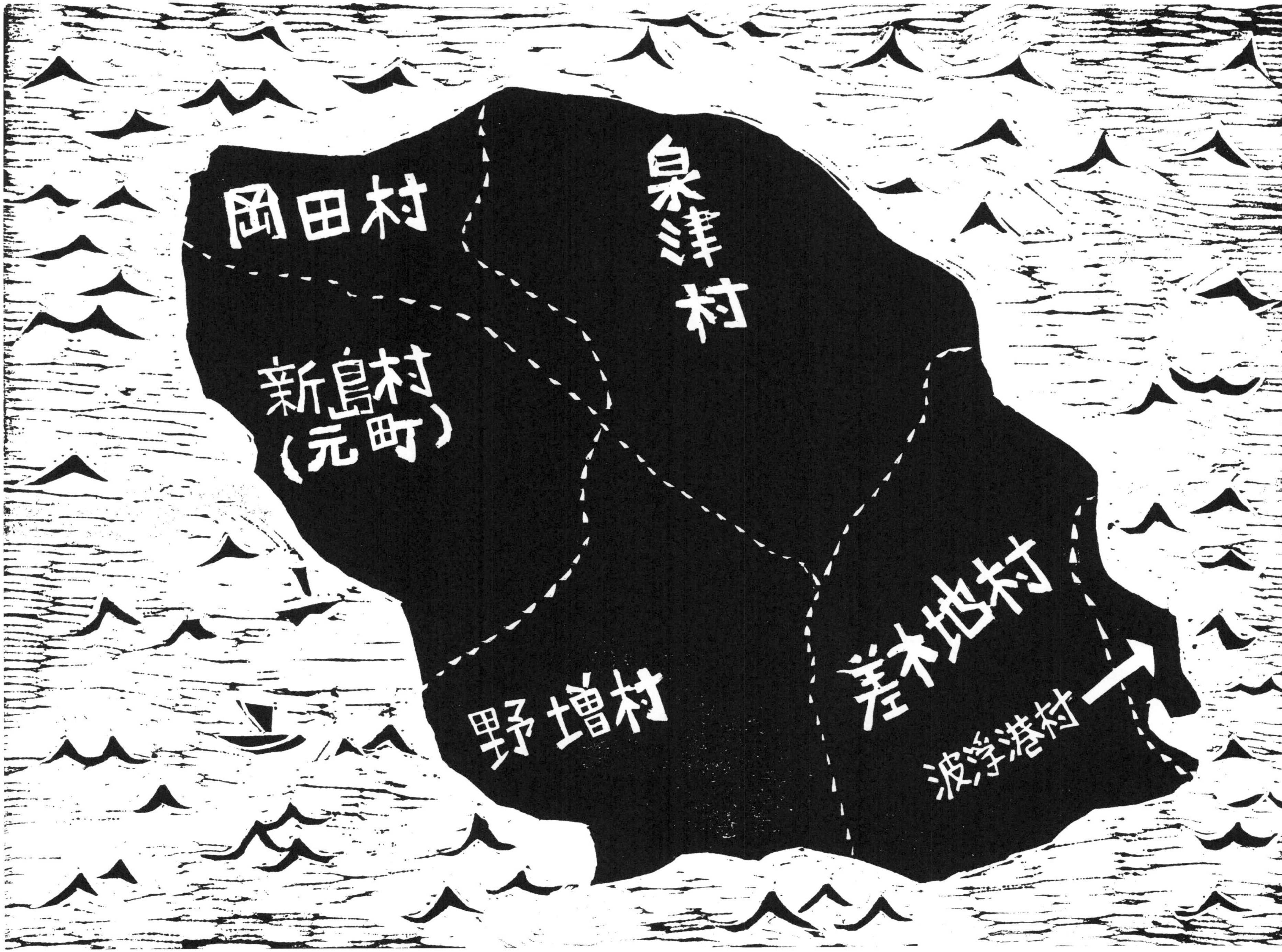

加藤　賢治

村づくり（二）——原始林《げんしりん》を拓《ひら》く

波浮港村は、差木地村の一部を割り当てられることになった。伊豆七島は、もともと幕府領《りょう》である。幕府が何をしようがそれをとやかく言うものはない。平六は、差木地村との村境に朱線《しゅせん》が入れてある絵図面をおしいただいた。

それは、波浮港を一番南として、東側の海岸線にそったタテに細長い、大島で最も狭《せま》い土地であった。その土地は、すべて原始林におおわれ、住んでいる者は誰もいなかった。

また、かねてから平六の強い願いであった海の漁場についても決められていた。それは、西は差木地村の中根《なかね》という所から南西の方角へ、東は泉津村の島分之鼻《しまわけのはな》から東北東に朱線が入れてあった。平六は、漁場についても舟をもつことを許されている新島村と岡田村の二ヶ村の特権《とっけん》の中に割り込むわけだから、二つの村がかんたんには承知《しょうち》しないだろうと思っていたので、とつぜんの漁場の申し渡しに、ほっと胸をなでおろした。

しかし、そう甘くはなかった。渡辺新右衛門《わたなべしんえもん》は「ただしだ、新島村と岡田村の者は、波浮港村の漁場への出入りはおかまいなしだが、波浮港村の者は、その二ヶ村の漁場へは、入ることはあいならん。」

と、念を押した。

役人達が帰ると、大島はもとの静かな離《はな》れ島となった。

しかし、その島の南の湾口から今、小さな村が生まれようとしていた。原始林に挑んでいるのは、平六と藤蔵の親子、三宅の吉五郎、奉公人の由助《よしすけ》夫婦、それと江戸からよび寄せた平六の女房おきちと娘のおしまの七人である。

伝吉も居残ることを強く願ったが、「いっぺん大戸《おおど》にもどり、みなと話をつけてからにしても遅《おそ》くはあるめえ。」と平六にさとされ、とりあえずは、音松、宗兵衛らとともに、島を後にした。

この三人の格別な働きに、平六は余分な手間賃をはずんで送り出した。

堤　和史

村づくり（三）――飢饉《ききん》のない村

明くる春、最後の掘割りの総ざらいに、真っ先にのりこんできたのは、「おしかけのダンナ」こと、伊豆屋半右門《はんえもん》一行であった。続いて上総《かずさ》、房州《ぼうしゅう》、伊豆《いず》の島々、大島の村々からも集まった。

集まった者は、去年の半数であったが、湾口の水面下の岩もきれいに取りのぞかれ、ここに波浮の港は完成した。享和《きょうわ》元年（一八〇一年）八月のことであった。

いくら港は造ったとはいえ、村づくりは手つかずである。人が集まらないことには話にもならない。

樹木《じゅもく》と荒地《あれち》だけの波浮港村に住みつき、開拓《かいたく》に手をつけたのはいうまでもなく、一式引受人の秋広平六である。平六は一番百姓となった。二番百姓は再び大戸から出てきたおいの伝吉である。伝吉は、藤蔵の弟分となり村づくりを支えた。さらにそれに加わったのが三宅島の吉五郎、大島野増村の権八《ごんぱち》、甚八《じんぱち》、紋助《もんすけ》、次郎《じろう》兵衛《べえ》、五郎作《ごろさく》、八丈島の与助《よすけ》――いずれも掘割り工事でひとかどの働きをしたものばかりである。

後になって「七人株《しちにんかぶ》」*と呼ばれる吉五郎ら七戸は、初割《はつわり》と呼ぶ土地を拓いた。その頃、平六は、山の上の居小屋を引っ越し、港の東側の平らな所へ新しく家をつくっていた。伝吉は大滝平《おおたきだいら》に土地をもらった。

波浮港の村づくりは、さらに進んだ。先年の工事に来た者たちを中心にして、三宅島、新島、八丈島、伊豆、房州からぞくぞく人が集まってきた。また、船が出入りするたびに村開きの話は伝わり村の人口は増えるばかりであった。

平六は文化四年（一八一七年）四月二十一日、六十一才でその生涯《しょうがい》をとじた。

その十八年後の記録によれば、伊豆大島の波浮港村は、戸数三十三、男女百四十五人、回船*一、漁船十五を持ち、漁にはげみ、畑作にうちこみ、薪《まき》を切り出し、飢饉のない村*と記《しる》されている。

また、波浮港村の誕生は、幕府から、舟を持つことを禁じられていた山方三村*に希望を与え、船の所有と漁をする権利を求める闘いに立ち上がらせる口火となった。

吉本恵実子

平六は、南の無人島での村開きこそ夢に終わったが、大島に夜明けを告げたのである。


*七人株……吉村権八、玉置甚八、吉本紋助、菊池次郎兵衛、秋田五郎作、秋野与助、沖山吉五郎の七戸。

*回船……旅客や貨物を運送して回る船。

*飢饉のない村……封建社会の農村においては飢饉（食料が無くなり飢えること）があることが普通であった。大島の他の五ヵ村に於いてもそうである。それから察して「飢饉がない」ということは奇跡に近いことといえる。

*山方三村……当時の泉津村、野増村、差木地村。

おわり

制作を終えて――担当場面と思い出

平成元年度　波浮小学校卒業生

「巨岩に挑む（四）」「村づくり（一）」

加藤　賢治

よくできていると思いました。自分の担当の部分はへんだけど、まあ、がんばったからいいと思います。

この本が早く出て、みんなに見てもらえると思うとうれしいです。がんばってよかったです。

「六番目の子」「八丈の炭焼き」

竹田　祐三

ぼくは、最初の場面を担当した。下書きの時は何度も何度も描き直し、いやになるくらいだった。でも書き直すたびに、自分でもびっくりする程良くなってきた。しかし彫るのは、下書きよりもっと大変だった。

一枚目をやり終わったのが中一の夏休みで、クラブ活動のあと波浮小へ行った。二枚目は冬休みになった。クラブ活動の後なので、あせってしまい雑になってしまった。

しかし、今、見ると、よくできたと思う。

「小糸川」「巨岩に挑む（三）」「村づくり（二）」

堤　和史

もう何年前だろうか。先生はこう熱く語ってくれた。「もし、この版画が完成したら、みんなでたらふく飯を食おう。」

版画を作るにあたって、いろいろ苦労したと思う。

放課後六時ごろまで残って版画を彫ったり、その時、とつぜん地震が起きたり、渡部君が転校したり、僕自身が大島を離れたり、いろんなことがあった。また、ゲラを見せてもらった時、僕が彫るつもりだった絵も、恵実子さんにやってもらい、（転校した後）ずいぶん、修正もしてもらった。何か、ずいぶん肩の荷がおりた感じがする。

今までの思い出が、走馬燈のように回っている。もう、めったに会えないと思うのでここで言わせてもらいます。

お疲れさまでした。

埼玉より

「御蔵の島興し」

直井　貴洋

この作品を彫るのに、気を遣ったことは、（まちがえて彫らない）ということだった。ぼくは、一枚しか彫らなかったけど、炭焼きの煙が木の間を通り、その煙の向こうに山が見えているという場面をまちがいなく彫るというのに夏休み中かかったような気がする。

完成した作品を見ると、みんなうまくできているのでホッとしている。一人で何枚も彫っている人もあり、大変だったろうと思う。やっぱり、長い年月をかけただけのことはあった。

「新しい夢」

中村　伸也

ぼくは、地図の所をほった。海はかんたんだと思ってひきうけたけど、「全部、横にほらないと感じがでない。」と言われ、ほんとうにたいへんだった。同じほり方を何日もやった。

船の所と文字の所は、何度も失敗したので、西留君のお母さんにやってもらった。西留君のお母さんは、すごく、うまかった。

みんなも、むずかしいと思っていたようだけど、よくがんばった。

まじめだった。

「波浮のお池」「平六を支えた人々」

西留　安久

この『波浮物語』を作り終えられたのは、みんな一人一人が努力しあえて、団結しあえたからだと思います。

この物語は、たいへんな時間がかかりました。最後までやりぬく集中力がかなり必要とされました。しかし、みんなやりぬきました。

波浮港ができるまでの流れをつかみ、どこを版画にするかと考えているころから、今、こうして完成するまでの道のり。

その長い道のりをこえられたのは、すごいと、今、思います。

もう一つ、この物語を作り終えられた理由として、飛永先生の努力があります。先生も僕達といっしょに、この物語の完成まで努力を続けられました。

また、他にもいろいろな人から助けられながらここまできました。それだけに、完成して、とても良かったと思えます。

「無人島の夢」「天明の大噴火」

宮川　誉史

ぼくは、平六さんが、伊豆で船頭になる修業をするところと、昔の大島の大噴火の時、平六さんが助けに来るところを彫った。

最初に、噴火のところを彫った時、平六さんの顔をつぶしてしまい、ガックリきてしまった。

二枚目は、修業の場面だったが、その時はこわくて、平六さんの顔だけは、先生にやってもらった。

波のところは楽だろうと思っていたが、本当に大変だった。真平君が千葉から出てきたのでいっしょに、飛永先生のうちにとまりこんでやった。

今、見てみると、どの作品もとてもよくできていると思う。

がんばってよかった。

「江戸のくわ商人」「村ぬけ」「くし屋の平六」

吉本　健太郎

今回、月日はかかりましたが、卒業制作をさらに版画物語に仕上げることができ、大変うれしく思います。

この本の制作には、いろんな苦労や失敗がありました。

まず、いちばん苦労したのは、毎日、直井君を起こすことです。版画彫りには、中一の夏休みなどを使ったので、朝の遅い直井君を起こすのに四回くらい電話をしなければならないのでとても大変でした。

毎回の電話の後、ねむそうな顔で、すっとぼけた顔をしてやってくる直井君が忘れられません。

二番目は、朝です。飛永先生は、若いせいか、とても朝が早いのです。直井君を筆頭に何人か遅刻してくる人もいました。

しかし、苦労の後には楽あり、飛永先生は、最後に必ずオヤツを出してくれました。

今、思うと、本当にいろいろな事がありました。この本は僕達の思い出の本です。

この本を読んで、波浮の歴史を、そして、僕達の気持ちを読み取ってもらえればなあと思います。

「難破船」「二十年目の夢」

渡部　真平

先生お元気ですか。この間、家族で植畑村へ行ってきました。平六さんのことたずねると、村の人は平六さんの石碑のことをすぐ教えてくれました。（平六さんは、こんなに有名なんだなあ…）とつくづく思いました。

この手紙といっしょに写真を同封します。石碑とその周りの風景です。何かの参考にしてください。ではお元気で。　千葉より

（渡部君は、お父さんの仕事の都合で平六の古里である千葉県に転校した。さっそく、平六の生まれた村に行き、情報を送ってくれた。）

「祈る」「新たな人々」

池田　美香

版画は細かい作業が多く、とても大変でした。途中でやめたくなることもありましたが、完成することができてよかったです。

この本ができるまでの三年間、とても長かったと思います。けれどみんなで作ったこの本で、たくさんの人たちが波浮港と平六のことを知ってもらえたらうれしいです。

「波浮の朝明け」

金城　寿子

一冊の本を作り終わることがいかに大変か、良く分かりました。

この本を作るのに、たくさんの時間がかかったけど、決して、むだではなかったと思います。

小学校の時のだから、できは、あまり良くないかもしれないけど、でも一人一人一所懸命やったから、他の人に見られても、恥ずかしくありません。それどころか、たくさんの人に見てもらいたいです。

早く、この本が本屋に出て、多くの人に読んでもらえるのが楽しみです。

「いかだ流し」「田村元長との出会い」

齋藤　奈巳

「波浮物語」を読んで、自分では、すごくがんばったと思いました。また、ここまでこれたのは、先生のおかげと、みんなが、がんばったからだと思いました。

それに、「平六」を調べて、物語を書いたまでは楽だったけれど、彫るのはすごく神経をつかって、むずかしかったです。

でも、ここまできてよかった。がんばったかいがありました。

「巨岩に挑む（二）（三）」「村づくり（三）」

吉本　恵実子

私たちの卒業制作の絵本を版画にすると聞いた時は（とても楽しみだなあ）と思いました。「版画を彫る」と言っても、実際は、本当に大変なもので、まず第一に、集中力がなければできません。私も疲れてくると、少しずつ、雑になってきてしまうこともありました。そして、版画一つを完成させるにも、とてつもない苦労がありました。でも、今、この完成した『波浮物語』を見ると、みんなが苦労して精一杯つくったというのが、とてもよく分かります。

この本が完成するまでの三年間、長いものがありましたが、この本が完成したのも、飛永先生の努力と熱意があったからこそだと思います。

私は、頑張ってくれた仲間達全員に、あたたかい拍手を送りたいと思います。そしてこの三年間、私達のために一所懸命頑張ってくれた飛永先生にお礼を言いたいです。

本当にありがとうございました。そして、お疲れ様!!でした。

「平六イモ」「巨岩に挑む（一）」

矢島　浩子

何だか、今、こうして見てみると、今だったら（中三）、もっとリアルにきれいにできるような気がして、やっぱりへたくそだったなと思います。「こんなところあったっけ!?」とか「こんな文章書いたっけ!?」と今、なつかしく見ました。

小学生でまだすごくうまい絵を書けなかったのに「よくできたな!?」とか、とても感心します。

早くできて、大島の本屋さんで売れるのが楽しみです。

「表紙」「土がま半兵衛」

原沢　小波

私は、表紙を担当したので、平六像を彫る時にすごく神経を使いました。「土がま半兵衛」の方は煙などがうまくできませんでした。

でも、とにかく完成してよかったと思いました。

あとがき

波浮小学校　飛永正富

小学校卒業後の仕事として始めた版画集『波浮物語』を、やっと刊行することができました。

制作過程は次のとおりです。

○小学六年の二学期……来栖良夫作『波浮の平六』（ほるぷ出版）を朗読教材として読み合う。
○　〃　三学期……感動した子どもたちと担任で、『波浮の平六』を原作として絵本を創り、卒業記念として母校に贈る。と同時に版画集としても普及版を創ることを思い立つ。
○中学一年の春休み……原作者、来栖先生の了解を得る。
○　〃　の夏休み……小学校へ登校し彫る。下絵は絵本活用。
○　〃　の冬休み……小学校へ登校し彫る。
○中学二年の春休み……小学校へ登校し彫る。二十九場面終了。
○　〃　の夏休み……刷り終了。
○　〃　の冬休み……物語の推敲。
○中学三年の春休み……来栖良夫先生と大島の歴史学者、高田三喜治先生の指導助言を受ける。
○　〃　の夏休み……物語の再推敲。原稿完成。光陽出版社に印刷・製本を依頼。

結局、中学の三年間をかけてしまいました。

完成を待ち望んでいた子どもたちや、父母の皆様には申し訳なかったのですが、卒業生にも、私にも、新しい生活が始まり、制作活動には、長期休みを利用するほかありませんでした。それでも、中学の部活動とぶつかり、全員一同に会しての作成は無理でした。

しかし、そのような中、部活の後の、泥だらけのユニホームも着がえる時間もおしんで、小学校へかけつける子どもたちを見た時（これは何としても仕上げねば……）と励まされたものです。また、千葉に転校した渡部君が、わざわざ大島まで来て、泊りこんで彫り上げていったことなど、いつまでも心に残る思い出が生まれました。

このねばり強い、そして誠実な卒業生たちに、大きな拍手を贈っていただきたいと思います。

なお、文章に関しては、子どもたちが書いたものをもとにして、最後に私が調整しました。その際、原作の『波浮の平六』を参考にさせていただいたことは、言うまでもありません。

何はともあれ、ここまでこられたのは、多くの方の御支援のおかげです。

波浮小学校前校長の橋本佳審先生、現校長の寺田昌孝先生、ならびに西留安雄教頭と同僚の皆さまにはいつも助言と励ましをいただきました。また、当時、ＰＴＡ会長の直井一彦氏を中心とする波浮小ＰＴＡの皆さまには、度々、差し入れまでしていただきました。更に、来栖良夫先生には、原作活用の許可のみならず、私への助言と子どもたちへの励ましを、惜しみなく贈っていただきました。そして、高田三喜治先生には、専門的な観点から、緻密に、何度も原稿を推敲していただきました。最後には、光陽出版社の五味洋三氏に大変、無理な仕事を引き受けていただきました。

この数々の御支援がなかったら、当物語の刊行は、まず不可能だったでしょう。心から、感謝しております。

さて、卒業生の皆さん、「波浮物語」の完成おめでとう。中学に進んでからまで、本当によくがんばりました。

皆さんは、今回、この物語を創りながら、祖先の夢と英知と勇気に驚かされたことでしょう。しかし、これはまだ、波浮港村のスタートの部分なのです。

この物語以後の村づくりの段階でも、ロマンに満ちた数多くの施策があったことが記録に残されています。いつの日か、自分たちの手で、『続・波浮物語』の刊行も思い立っていただけないでしょうか。心から待っております。

一九九二年十一月

大島町立

波浮小学校　校歌

佐藤一英　作詞
信時潔　作曲

一、富士につらなる火の島の
ほのほにうがつ火の港
星月古りてしづまれど
かの聖き火を心とす
　友よわれらは波浮の子ぞ
　友よわれらは波浮の子ぞ

二、みなみくろしおゆくところ
父祖父のゆめのあと
みなとのほまれつぐものに
かの波風もいたからじ
　友よわれらは波浮の子ぞ
　友よわれらは波浮の子ぞ

三、港めぐらす山々は
慈愛の母のいだく手と
しづかに澄める水を見て
わが行ひを修むべし
　友よわれらは波浮の子ぞ
　友よわれらは波浮の子ぞ

四、椎の並木にかこまれし
とんがり山を仰ぐ庭
大木の椎の下かげの
かの集りを忘るまじ
　友よわれらは波浮の子ぞ
　友よわれらは波浮の子ぞ

波浮物語——港ができるまで　夢多き男・平六

2017年５月27日　　初版第１刷発行

原作 ——— 来栖良夫
物語版画 — 平成元年度波浮小学校卒業生
発刊 ——— 秋廣平六没後二百年記念事業実行委員会
発行者 —— 平田　勝
発行 ——— 花伝社
発売 ——— 共栄書房
〒101-0065　東京都千代田区西神田2-5-11出版輸送ビル2F
電話　03-3263-3813
FAX　03-3239-8272
E-mail　kadensha@muf.biglobe.ne.jp
URL　http://kadensha.net
振替 ——— 00140-6-59661
装幀 ——— 生沼伸子
印刷・製本— 中央精版印刷株式会社

ISBN 978-4-7634-0813-6 C0723

花伝社の本

波浮の港

秋廣道郎　著

本体価格　1500 円

●子ども時代の波浮の港の思い出、島の自然と生活、秋廣平六のこと——
野口雨情作詞・中山晋平作曲の名曲で知られる「波浮の港」は、江戸時代に秋廣平六によって開かれた美しい港で、多くの文人墨客を魅了してきた。本書は、秋廣平六の末裔である著者が、大島の豊かな自然に囲まれて育った少年時代と自身の平六像をまとめた１冊。